青少年农事教育系列丛书

U0690437

"培"你成长 "伴"我长大

Peini Chengzhang

Banwo Zhangda

1

主　编　常利梅

副主编　蒲至恩　杨彬彬
　　　　赵　莉　刘　姝

科学出版社 龙門書局

北京

内 容 简 介

"青少年农事教育系列丛书"意在让你建造自己的迷你小农场！本套书由一线科学老师在众多的农事活动中，精心挑选适合孩子经历体验的33个活动组成。全书包括种植、养殖、生活制作三大类。种植内容从主食、蔬菜瓜果到菌类和药材；养殖内容从水生动物到陆生小动物，还有趣味十足的蝌蚪和蚕宝宝的饲养；制作内容从大豆的种植到豆浆的磨制、再到腐乳的制作。书中图文并茂的操作介绍、温馨体贴的注意提示、生动有趣的活动记录，还有妙趣横生的你问我答，可以让阅读和操作360°无障碍！当然，本套书更多的意义在于，它能带你亲近自然和感知自然；让你体会播种希望和收获梦想；让你理解成长价值和生命意义。

本书适合小学、初中的学生、老师及家长，对种养殖、制作活动有兴趣的社区及农村成年人等。

图书在版编目（CIP）数据

"培"你成长 "伴"我长大.1 / 常利梅主编.—北京：龙门书局，2018.7
（青少年农事教育系列丛书）

ISBN 978-7-5088-5394-9

Ⅰ.①培… Ⅱ.①常… Ⅲ.①农业科学－小学－教学参考资料 Ⅳ.①G624.63

中国版本图书馆CIP数据核字（2018）第155381号

责任编辑：钟文希　侯若男 / 责任校对：彭　映
责任印制：罗　科 / 封面设计：墨创文化

科 学 出 版 社
龙 门 书 局　出版

北京东黄城根北街16号
邮政编码：100717
http://www.sciencep.com

四川煤田地质制图印刷厂印刷
科学出版社发行　各地新华书店经销

*

2018年7月第 一 版　开本：787×1092　1 / 16
2018年7月第一次印刷　印张：7.25
字数：170 000

定价：49.00元

前言

　　鲜花绽放的缤纷美丽，枝头小鸟的欢快鸣叫，树叶飘落的纷纷扬扬……亲爱的孩子，当你放慢匆匆的脚步，静静地，去看，去听，去发现，原来大自然中有太多的美好：四季轮转、花草衰荣、鱼虫鸟兽、生生不息……

　　跟随"青少年农事教育系列丛书"来建造自己的迷你小农场吧！拥抱你身边的大自然，这里要告诉你——关于大自然的小秘密，嘘，听！

　　彩色玉米是怎么来的？可爱的樱桃萝卜，你认识吗？草莓的种子在哪里呢？秋葵吃起来为什么是黏糊糊的呢？鱼腥草有什么药效呢？蒲公英的"小伞兵"到底是种子还是果实？向日葵向日的秘密在哪里？歇后语"针尖对麦芒"中的针尖与麦芒是什么意思？韭菜、韭黄是同一种植物么？没有公鸡，母鸡也可以下蛋吗？小蝌蚪是怎样变身为青蛙的？蚕宝宝是怎么吐丝结茧的？香甜的豆浆和美味的腐乳是怎样制作出来的？

　　你可以按照书中的指引亲手栽种、养殖和制作，在亲身经历农事活动中，感受静待花开的美妙、体味生命成长的感动、享受收获成果的幸福……

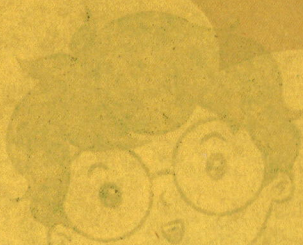

还等什么呢，亲爱的孩子，你也是一颗即将萌芽的种子，快到大自然的怀抱来吧，这里松软又肥沃的土地会滋养你的智慧！

　　让我们一起用温暖的守候，甜蜜的回忆，幸福的分享，"培"着动植物成长，也让动植物"伴"着我们一起慢慢长大吧！

常利梅

2018年4月15号

目录

MULU

漂亮的 樱桃萝卜

我们看到的樱桃萝卜又红又圆，它是果实吗？

不是哦！它是植物的根。

　　萝卜是我们餐桌上常见的菜肴。你想体会用自己亲手种出的萝卜来做菜的乐趣吗？

　　樱桃萝卜外形漂亮又可口，小巧的身材使它种在阳台的花盆里也很适宜。一起来种樱桃萝卜，享受种植和收获带来的喜悦吧！

大家一起来栽种

生长习性早知道

表1-1　樱桃萝卜的生长习性

名称	樱桃萝卜
科，属名	十字花科，萝卜属
土壤	疏松、肥沃、透水性良好的砂壤土
温度	发芽适温：15~30℃；生长温度：5~25℃
光照	喜欢阳光充足
需水量	浇灌充足水分
播种时期	樱桃萝卜整年都能播种，但夏天偶尔会出现叶子过大而导致根茎发育不全的情形。因此最佳的播种时期为3~5月以及9~10月，发芽后即可移至日照充足的地方。
收获时期	樱桃萝卜在播种后20~30天就能采收，故在日本又称为"二十天萝卜"

准备工作做充分

❯ 材料和工具

最好选用条形花盆，在花盆底部铺上盆底石，直到看不见盆底为止。

❯ 种子

挑选颗粒饱满的樱桃萝卜种子，种子要先泡水，4~5个小时后再沥干水分，准备播种。

管理过程知要领

❯ 倒入蔬菜专用培养土，并浇灌充足的水分，直到盆底流出水为止。以手指或工具将培养土挖出小窝，大致保持行距6厘米、窝距2厘米，窝深度为1厘米。每窝播下1粒种子，如图1-1所示。

图1-1

间苗：按照一定的株距去掉过密的植株，以保证留下的植株能获得充足的生长空间和阳光。

▶ 播下种子后，为避免土壤干燥，可在发芽前用报纸覆盖，防止水分过快蒸发，如图1-2所示。

图1-2

▶ 待长出四五片叶时，可间苗，保证株距约5厘米。间苗后，在植株四周追加土壤，如图1-3所示。

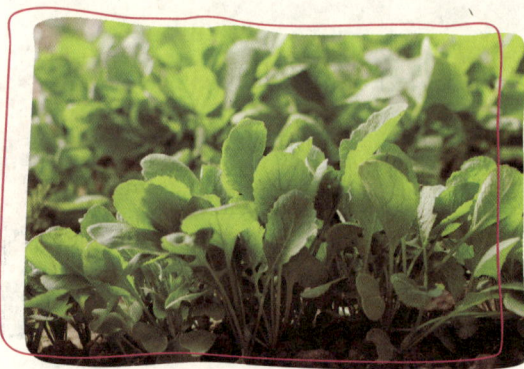

图1-3

▶ 约12天就可以在植株周围撒上有机肥，20天后再追肥一次即可，如图1-4所示。

图1-4

▶ 当露出土壤的樱桃萝卜直径达2~3厘米，即可采收，如图1-5所示。

图1-5

萝卜生长非常需要水！一旦发现土壤干燥，需立刻浇灌充足水分。因为水分不足，樱桃萝卜就会变得又硬又细，口感和外观都会大打折扣哦！

重要变化不错过

我们的萝卜是怎样一步一步成长的呢？大家不要错过任何一个重要的变化过程哦！让我们做好观察记录吧！

1.播种时间：＿＿＿＿＿＿＿＿＿＿＿＿；

2.发芽的时间：＿＿＿＿＿＿＿＿＿＿；

3.长出第一对真叶的时间：＿＿＿＿＿＿＿＿＿＿；

对比子叶和真叶，它们的区别在哪里？

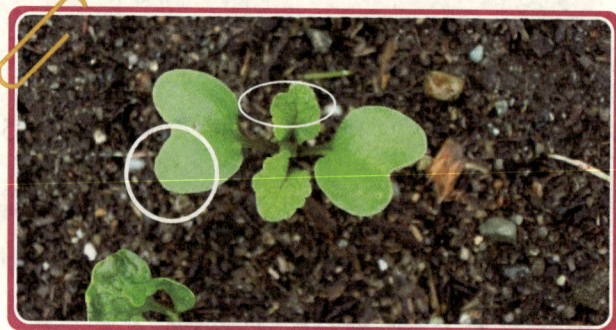

4.看见小萝卜的时间：＿＿＿＿＿＿＿＿；

5.采摘萝卜的时间：＿＿＿＿＿＿＿；

6.将收获的樱桃萝卜 和大樱桃 做个比较吧！

相同：＿＿＿＿＿＿＿＿＿＿＿＿＿＿＿＿；

不同：＿＿＿＿＿＿＿＿＿＿＿＿＿＿＿＿＿＿＿。

切开可以发现更多哦！

櫻桃萝卜外表和大樱桃很相像，但是樱桃萝卜里却找不到种子。这是因为樱桃萝卜不是植物的果实，而是植物的根。

共享收获皆欢喜

櫻桃萝卜可以做成好多好吃的菜，其中糖醋樱桃萝卜尤其可口。如果注意一下造型的话，这道菜看起来也是相当不错哦！

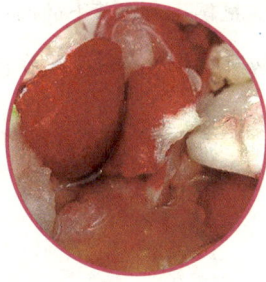

糖醋樱桃萝卜的制作方法

材料：

樱桃萝卜（200克）、盐（适量）、柠檬汁（适量）、糖（25克）、白醋（20克）。

步骤：

1.萝卜洗净，去掉茎、叶；

2.把筷子放在萝卜两边，切成薄片，底部不要切断。然后，将萝卜移位90°，切成十字花刀；

3.均匀地撒上盐，腌制5分钟；

4.倒掉腌制出的汤汁，加入糖、白醋、挤上适量的柠檬汁，搅拌均匀；

5.把萝卜整理出花朵形状放在盘子中即可。

小贴士：

把筷子放在萝卜的两边，可以防止萝卜被切断。放入冰箱冷藏后食用味道更好！

你来提问??? 我来答

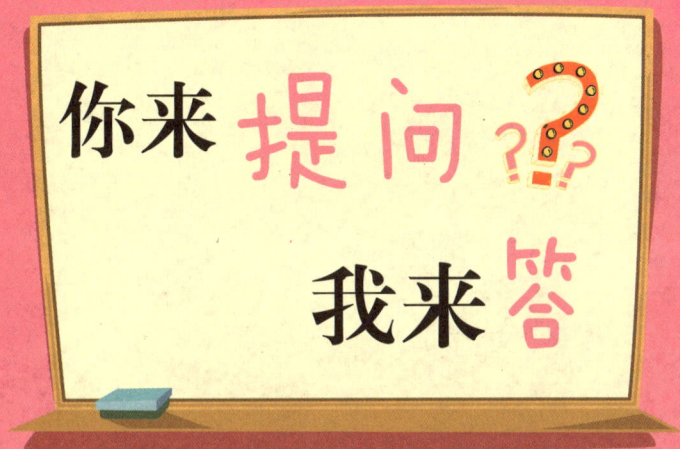

1.又红又圆的樱桃萝卜不是果实，那樱桃萝卜的果实是什么样子的呢？

采摘樱桃萝卜时，留下几株樱桃萝卜等它开花结果。花谢了以后，才能观察到结出的果实：角果。

樱桃萝卜的
果实：角果

2."萝卜上街，药铺不开"这句谚语的意思是什么？

这句话的意思是：萝卜有一定的药效。萝卜上市的季节，药铺生意就会受影响。中医认为萝卜具有消积滞、化痰止咳、下气宽中、解毒等功效。萝卜还有防癌抗癌作用，所含的维生素C、胡萝卜素有抑制亚硝胺合成的作用。

3.萝卜家族的成员有哪些？

秋冬萝卜类型： 中国普遍栽培类型。夏末秋初播种，秋末冬初收获，生长期60~100天，可分为红皮、绿色、白皮、绿皮红心等不同的品种群。

冬春萝卜类型： 中国长江以南及四川省等冬季不太寒冷的地区种植。代表品种有成都春不老萝卜、杭州笕桥大红缨萝卜和澄海南畔洲晚萝卜等。

春夏萝卜类型： 中国普遍种植。较耐寒，冬性较强，生长期较短，一般为45~60天，播种期或栽培管理不当易先期抽薹。

夏秋萝卜类型： 中国黄河流域以南栽培较多，常作夏、秋淡季的蔬菜。较耐湿、耐热，生长期50~70天。代表品种有杭州小钩白、广州蜡烛趸等。

如果还想了解更多关于萝卜的知识，可以利用网络资源哦！

网页推荐：http://www.guokr.com/article/57376/（菜根小话·那些"萝卜"们）

第2课 火辣辣的朝天椒

这种红彤彤的植物果实你认识吗?

那当然,辣椒啊,谁不认识啊!

辣椒有很多品种,图中的这一种,因为其椒果有朝天生长的特点,因此得名"朝天椒"。

大家一起来 栽 种 🚩

生长习性早知道

表2-1 朝天椒的生长习性

名称	朝天椒
科名	茄科
栽培适宜环境	喜欢较干燥的空气，喜热怕冷；适宜生长在疏松、利水的土壤中，保持充足的阳光
生长合适温度	温度25～30℃（日照温度不超过32℃）最适合辣椒发芽；温度过高可进行遮阳，夜间温度过低可放置在室内
播种时期	春季盆栽适宜播种期为3月中下旬
收获时期	从开花到果实成熟需25～40天，一般见果实呈红艳色泽就可以采摘了

🌶 椒果朝天生长的这一类辣椒都统称为朝天椒。它们的果实成熟后呈红色或紫色，味道辣。

🌶 朝天椒是辣椒的一种，是多年生植物。

🌶 它们原产于泰国，后被中国引进并培植出多个朝天椒品种。

准备工作做充分

1 朝天椒种子

2 铲子一把

3 花盆（大小适中，底部有孔）

4 营养土

5 水

工具

管理过程知要领

▶ **泡种催芽**

用温热水把种子浸泡3～10小时，直到种子吸水并膨胀，这样种子萌发要快一些，朝天椒的种子如图2-1所示。

图2-1

▶ 发苗

将松软湿润的营养土倒入花盆。把辣椒籽均匀地撒在土壤表面，在辣椒籽上再覆盖一层细土。这段时间浇水要细致，让水从指缝间流出，滴在泥土上。10天左右辣椒籽就发芽了，如图2-2所示。

图2-2

▶ 光照

幼苗期避免阳光直射，等幼苗长出4片叶子的时候，就可以将小苗分别移栽多个花盆，以保证植物生长有足够的空间（移栽时注意要带土移栽，保护根须），如图2-3所示。

图2-3

⊙ 浇水、施肥

可以用发酵后稀释的淘米水，既能当水，又有肥效。如果连续高温，可早晚各浇水一次，中午不能浇水，如图2-4所示。

图2-4

⊙ 采摘

朝天椒可多次开花结果，多次采收，应在果实充分成熟时采摘，果皮外观鲜红亮丽，此时采摘最佳！采摘后及时施肥，可以连续收获！如图2-5所示。

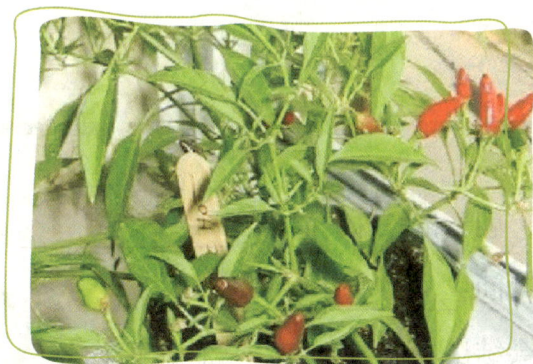

图2-5

如果你的辣椒长得格外高大茂盛，很可能无法支撑自身枝叶，可以用小棍子固定辣椒树，防止断枝和倒伏。

重要变化不错过

朝天椒是怎样一步一步慢慢发芽、成长、开花、结果的呢？把它的生长过程记录下来，分享给大家吧！

1.播种时间：＿＿＿＿＿＿＿＿＿＿＿；

2.发芽时间：＿＿＿＿＿＿＿＿＿＿＿；

3.在下面记录框内给朝天椒的叶子画张像。

4.生长到第30天时，朝天椒植株的高度：＿＿＿＿＿＿＿；

5.开出第一朵花的时间：＿＿＿＿＿＿＿；

6.一株朝天椒植株会结出＿＿＿＿＿＿＿个果实。

共享收获皆欢喜

　　为了便于保存，人们习惯将朝天椒晾晒成干辣椒，还可以进一步加工成辣椒面，用作各种烹饪，给菜肴增添香辣的口感。

　　朝天椒不仅是烹饪调味的一味佐料，还有一定药用价值，根茎性温、味甘，能祛风散寒，舒筋活络并有杀虫、止痒功效。

干辣椒　　　　　　　　　辣椒面

助长寿

改善心功能

健胃助消化

不与黄瓜同食

不与萝卜同食

你来提问??我来答

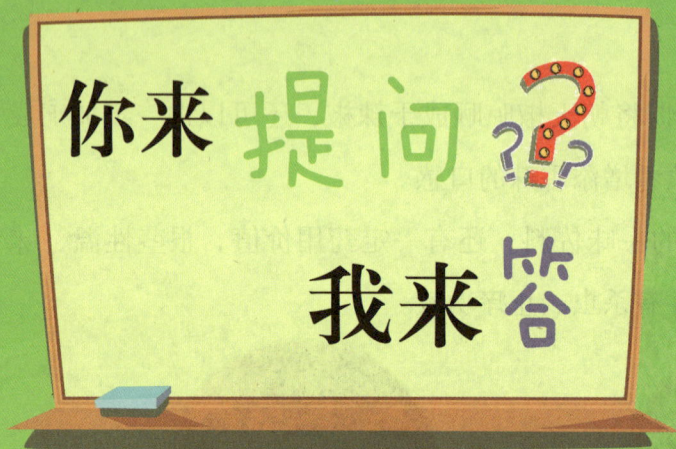

1.世界上哪些地区的人喜欢吃辣椒?

世界上能吃辣的国家或地区:

(1)菲律宾:菲律宾人的口味喜香辣,常用香醋、糖、辣椒、番茄酱等调味品。

(2)中国成都:川菜以辣闻名天下,却不仅仅止于辣味。其中,辣的代表美食火锅以其包罗万象、热情似火、平易近人的特点迅速地征服了全中国人民的脾胃。

(3)墨西哥:墨西哥是辣椒的发源地,全球约一半辣椒都生长于墨西哥境内,各种颜色应有尽有。墨西哥不仅是天下第一辣国,而且生长的辣椒是世界上第二辣的辣椒,过百种的辣椒,炮制方法亦多不胜数。

2.为什么吃辣椒时会被辣出汗？

辣椒里含有辣椒素，它能使人心跳加快，毛孔张大，皮肤毛细血管扩张变粗，血液流向体表，可以刺激味觉，引起血压变化和出汗。

3.为什么辣椒有不同颜色？

辣椒的品种有很多，但不论哪个品种，在未成熟前都是青绿色的，那是因为含有叶绿素的缘故。到了成熟期，叶绿素被破坏，辣椒中含有的黄色素和叶红素就相应增多，于是变成黄色和红色。而有的辣椒品种是在青绿色时味道更好，因而在未成熟前就上市了。所以，我们可看到各种颜色的辣椒。

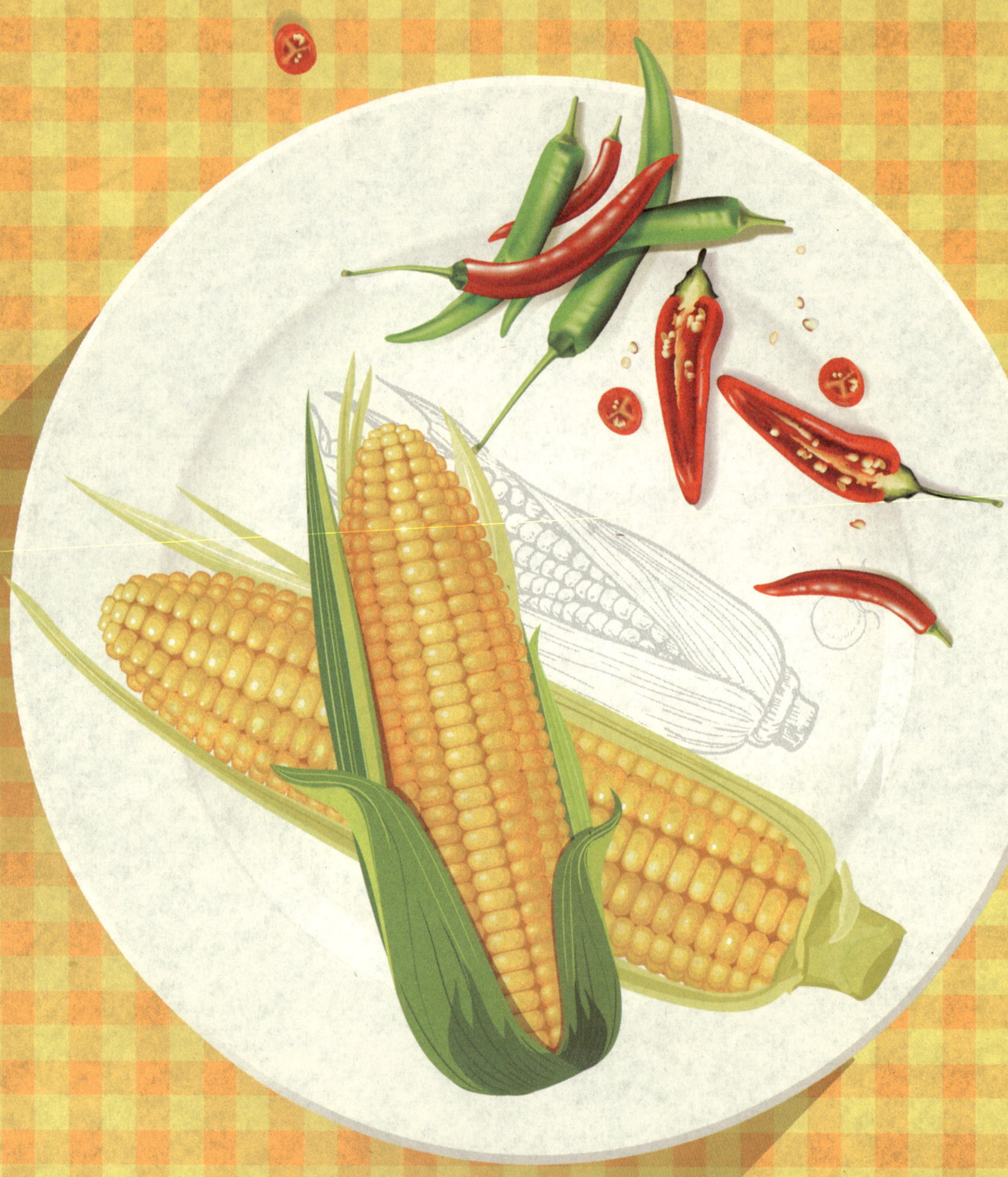

第 3 课 金灿灿的玉米

你看电影喜欢吃啥零食？

标配啊：可乐加爆米花！

信不信你吃的两样东西都和玉米有关？

爆米花是，但可乐里怎么有它？

　　玉米作为全球三大粮食作物之一，它现在扮演的已不仅是口粮的角色，它变身成诸多不同寻常的物品，活跃在我们生活中！可乐里的果葡糖浆就是由玉米提炼的。我们嚼的口香糖、吃的药，甚至穿的衣服都可能含有玉米的成分哦！

大家一起来**栽**种

生长习性早知道

表3-1 玉米的生长习性

名称	玉米（别名：棒子、苞谷、苞米、玉麦）
科名	禾本科
土壤	土质疏松、通气性好、肥沃土壤
温度	喜温作物，栽培适温25~30℃
光照	喜光
需水量	较大，需充足水分
播种时期	3月中下旬至5月下旬，气温合适均可播种
收获时期	一般约90天，因品种不同，时间长短各异
生育周期	玉米生长发育的过程可分为苗期、穗期和花粒期。生育期的长短因品种、播种期、光照、温度等环境条件差异而有所不同，一般早熟品种，播种晚和温度高的情况下，生育期短，反之则长

背景小知识：玉米原产于中南美洲，现在世界各地均有栽种。是现今全世界产量最高的谷物。

准备工作做充分

1 材料和工具

玉米植株较高大，不适合盆栽，应选择田地栽培。
土壤：选择日照良好，肥沃、疏松、深厚的土壤即可。

2 选种

玉米的品种较多，可根据个人喜好选择相应的品种。一般来说：形状扁扁的种子种出来的玉米较甜（甜玉米），形状鼓鼓的种子种出来的玉米淀粉含量高（糯玉米）。

3 播种时机的安排

土壤温度达到12℃以上，即可播种。

管理过程知要领

▶ **播种**

　　株距30厘米，每穴宜播3粒种子，种子覆土后用手轻轻按压。因玉米发芽时喜高温可在土上覆盖一层黑色薄膜。注意防小鸟和老鼠偷吃，及时补种，如图3-1所示。

图3-1

▶ **间苗**

发芽后长到约15厘米高，有四五片叶子时保留最苗壮的一株幼苗。同时也可将田中杂草清除，如图3-2所示。

长到四五片真叶时，剪去病弱植株

图3-2

▶ **追肥培土**

第一次追肥在播种一个月后进行，追完肥应进行培土。第二次追肥应安排在抽穗时进行，如图3-3所示。

第二次追肥

第一次追肥

图3-3

开花除穗

如果一株玉米长出二三根雌穗。可在开始长细细花柱时除穗，只保留最上面的一根，如图3-4所示。

图3-4

浇水

雄穗抽出前后10天是玉米一生中需水最多的时期，要及时进行灌溉。同时注意：玉米不耐涝，要控制水量。

授粉

玉米雄花在植株顶端（俗称"天花"），如图3-5（a）所示。玉米的雌花序则隐藏在植株下部的叶腋里，每朵花的细长花柱（玉米须）会从苞叶中探出、四散开来，承接从雄花飞来的花粉，如图3-5（b）所示。完成受粉后，玉米粒会变大、穗轴变粗壮，花柱枯萎形成了玉米棒子，如图3-5（c）所示。

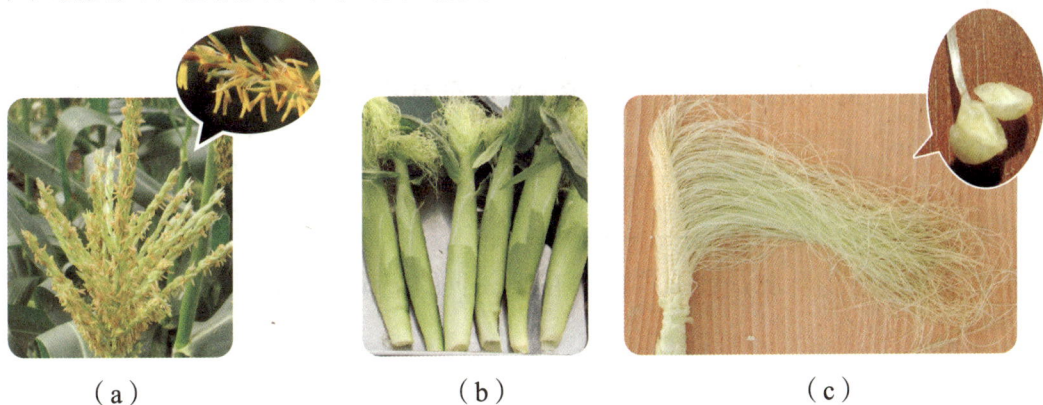

（a）　　　　　　　（b）　　　　　　　（c）

图3-5

重要变化不错过

如果不是司空见惯，玉米绝对是一种外貌极为奇异的作物。它粗壮的茎秆会长出一圈章鱼腿一般的支柱根，开花的时候植株比人还高。在生长过程中，玉米植株会发生很多的变化，如图3-6所示。

发芽，长出真叶
(a)

长高了，该追肥培土了
(b)

支柱根牢牢抓住土地
(c)

雄穗产生花粉
(d)

雌穗长出花柱
(e)

苞叶变黄玉米成熟
(f)

图3-6

把玉米一生中带给你的惊喜记录下来，分享给大家吧！

1.播种时间：＿＿＿＿＿＿＿＿＿＿＿；

2.发芽时间：＿＿＿＿＿＿＿＿＿＿＿；

3.玉米叶子的叶脉是什么样的？在下一页的记录框里画下来。

4.生长到第30天时，玉米的高度：_____；和自己的身高相比 _____；

生长到第60天时，玉米的高度：_____；和自己的身高相比 _____。

共享收获皆欢喜

1.收获玉米

授粉20～25天之后，当玉米须变成棕褐色的时候，就可以收获了，如图3-7所示。

这个阶段的玉米煮着吃、烤着吃都好吃！

图3-7

收获日期：_____；你种植的玉米结出的棒子有_____克。

收获的玉米棒子，还不是玉米的最后成熟期，待到苞叶完全变黄时，就能收获到成熟的金灿灿的玉米了，如图3-8所示。

图3-8

2.玉米做成的食物：

玉米是世界三大粮食作物之一。关于玉米的食用方式数不胜数！说说你还知道哪些？

松仁玉米 　　　　　 墨西哥塔可饼 　　　　　 玉米浓汤

3.用玉米皮做工艺品：

你来 提问 ?!?
我来 答

1.爆米花为什么会爆开？

不管是用微波炉还是用爆米花机器，爆米花的形成都是玉米粒在高温作用下，籽粒内外形成压力差导致爆裂膨化的结果。

2.一根玉米上结的籽粒是单数还是双数？

双数，不信就数一数哦。聪明的你肯定能发现其中的奥秘。

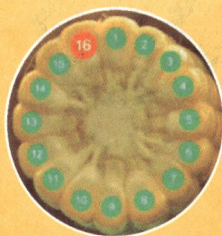

3.彩色玉米怎么来的？

我们一般见到的玉米都是黄色的籽粒，这是由于玉米籽粒的胚乳中含有一类叫做类胡萝卜素的色素，包括玉米黄质、β-胡萝卜素等。除此以外，其实还有很多颜色各异的彩色玉米，这些黑玉米、红玉米、紫玉米之所以能够异彩纷呈，是因为它们的籽粒中含有不同类型、不同组成的花色苷类色素。

这种彩色琉璃玉米是通过杂交育种培育出的品种。虽然很像是工艺品，但确实可以吃。

第4课 土豆发芽了

——薯条真好吃啊!

——那你知道薯条是什么做的吗?

——土豆呗!

——那土豆是怎么来的呢?

土豆难道不是由种子种出来的吗?

我从来没见过土豆种子,我觉得土豆都是由"土豆本身"种出来的!

大家一起来 **栽** 种 ▶

生长习性早知道

表4-1 土豆的生长习性

名称	土豆（学名：马铃薯）
科名	茄科
土壤	疏松透气、湿润的砂土
温度	喜低温，20~25℃是最佳结薯温度，超过30℃就不会结薯了
光照	对光照要求不高，正常室外种植即可
需水量	对水的需求不大，土壤干透后再浇水，每次浇水需要浇透
播种时期	成都地区土豆一年可播种3次，春薯2月中上旬至6月中上旬，秋薯：8月中下旬至12月中上旬；冬薯12月中下旬至5月中上旬 千万要注意：不在这三段时间内播种的土豆是不会结薯的哦
收获时期	收获时期一般跟品种熟性有关，早熟60~70天，中早熟70~90天

🥔 土豆原产于南美洲安第斯山区。人工栽培历史最早可追溯到公元前8000~前5000年。

🥔 土豆主要生产国有中国、俄罗斯、印度、乌克兰、美国等。中国是世界土豆总产量最多的国家。

准备工作做充分

1.工具和材料：小刀、花盆（直径约16厘米）、土壤（透水性良好的砂土或者营养土）
2.新鲜土豆一个

管理过程知要领

▶ **辨芽眼：**

土豆表面有很多的"小坑"，叫做"芽眼"，如图4-1所示。每个芽眼都可能萌发出新的生命。所以我们说：土豆是由土豆本身种出来的！

但是有一个"芽眼"是假的哦。

真芽

假芽眼

图4-1

真芽眼旁边都有一个像眉毛一样弯弯的线，而假芽眼没有这条线。假芽眼往往深度比较深。

▶ **切土豆**

为了不浪费土豆，将土豆切成小块，注意保证每一块土豆上至少有一个芽眼。"芽眼"底部的土豆至少要有1厘米左右厚，如图4-2所示。

图4-2

▶ **施肥**

把一个生鸡蛋壳捣碎埋在花盆底部，或直接施加草木灰在土壤中，如图4-3所示。

图4-3

▶ 花盆装入适量土壤，把切好的带芽眼的土豆块种入花盆，"芽眼"朝上，再覆盖1厘米厚度的土壤，浇水，如图4-4所示。

图4-4

▶ 3个月左右就是收获的时间，挖土豆时，注意不要伤到土壤里的土豆，如图4-5所示。

图4-5

重要变化不错过

我们的土豆是怎样一步一步慢慢发芽、成长、开花、结果的呢？大家不要错过任何一个重要的变化过程哦！

1.播种时间：_____；

2.发芽时间：_____；

3.开第一朵花的时间：_____；

4.收获的时间：_____。

更多"惊喜"

共享收获皆欢喜

　　土豆是人人都喜欢的蔬菜，它可以做成各种各样的菜肴。下面这些菜你会做吗？试一试，和全家一起分享！

炒土豆

薯条

土豆饼

土豆泥

土豆排骨

　　土豆与小麦、稻谷、玉米、高粱并称为世界五大作物。2015年，中国启动土豆主粮化战略，推进把土豆加工成馒头、面条、米粉等主食，土豆将成为除稻米、小麦、玉米外的又一主粮。

你来提问？？我来答

1.土豆是果实吗？

土豆不是果实，是植物的茎！它是依靠茎来繁殖的一种代表性植物。植物的果实内部一定有种子的存在，但是土豆内部没有种子哦！土豆是把营养物质积蓄在块茎里，所以块茎也能生长成一株完整的植物。

2.除了土豆外，还有哪些常见的植物不是用种子来繁殖的？

自然界里大部分的植物都是以种子进行繁殖的，如小麦、玉米等。也有部分植物是依靠根茎叶来繁殖的，如依靠茎繁殖的藕、依靠块根和茎繁殖的红薯、依靠叶繁殖的多肉植物等。

3.土豆发芽能吃吗？

千万不能吃！土豆发芽后在土豆内部会形成一种对人体有害的毒素——龙葵碱，吃了发芽的土豆轻者上吐下泻、头晕、头痛，重者会直接导致心脏衰竭、呼吸困难而死亡。

味道鲜美的 蘑菇

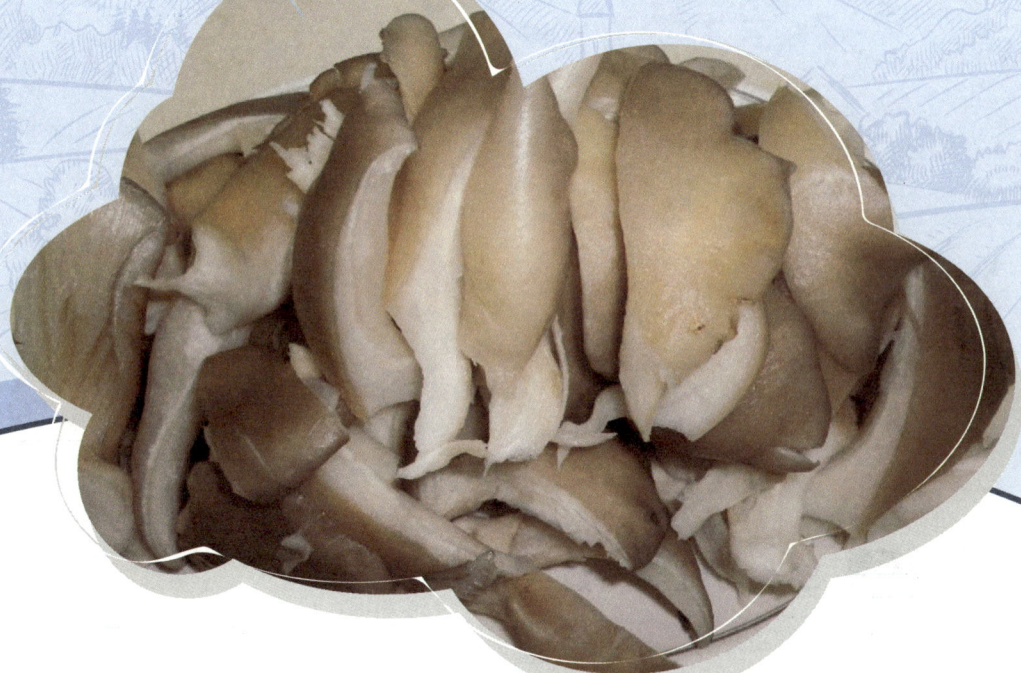

你知道吗？枯木、落叶要是没有分解者把它们转化成植物能够吸收的养料，就会占据过多生存空间且泛滥成灾！蘑菇就是分解者之一，所以蘑菇有着"大自然的清道夫"的美称！

现在人工也可以培育我们了！你知道人工是怎样培育的吗？

蘑菇是用种子培育的吗？

蘑菇是菌类，没有种子。蘑菇的一生很神奇！

大家一起来 栽种 ▶

生长习性早知道

表5-1 蘑菇的生活习性

名称	蘑菇（以平菇为例）
种植方式	目前都是用菌包
温度	20～30℃是它们最适宜生长的温度
光照	蘑菇不喜欢太阳，要置于阴凉处种植
需水量	让菌包保持适度湿润即可
播种时期	四季均可（只要能保证培育环境温度在20℃左右）
收获时期	从开始浇水后15天左右可以收获第一茬蘑菇；一个菌包可连续收获三茬蘑菇

准备工作做充分

1 工具和材料

放置菌包的架子：可以是鞋架、置物架等，能保证上下通风即可。

喷壶：用于为菌包均匀地洒水。

2 菌包

菌包：是袋装的培养基植料接入菌种制作而成的。

培养基植料：一般是由棉籽壳、甘蔗渣等混装在一起，为蘑菇提供营养，可网上购买。

管理过程知要领

▶ **选择好培育蘑菇的环境**

蘑菇喜欢生活在比较阴暗、潮湿的地方，如阴凉的过道、能较好避光的厨房等地方。

切忌：菌包不能泡在水里哦！

放置在厨房的架子上

▶ **处理菌包**

取出覆盖在菌包上的泡沫块

放置在架子上面

▶ **水量、光照控制**

菌种生长需要水分，水分的量很讲究，另外还一定要注意避光。

建议：每天对着袋子的顶部浇水，每天两次，上午一次，下午一次，水量为把菌包顶部打湿为佳，不要放在有太阳的地方。

▶ **培育小窍门**

菌包在一个有温差变化的环境中，可以生长更快哦！

建议：白天将菌包放在温度更高一些的室内，避免阳光太强；晚上将菌包放在室外，室外温度会低很多。

▶ **采摘蘑菇**

自第一次开始浇水算起，一般15天后就可以收获蘑菇了！

方法：用手握住平菇的菌柄，左右旋转就采摘下来了，如图5-1所示。

别忘了：称量蘑菇的重量哦！

图5-1

▶ **继续培育**

大家收获了一次蘑菇，是不是很开心呀！

告诉你：菌包可别扔了！还会有第二茬、第三茬的蘑菇长出来哦！按照前面的方法精心管理，再过15天，又是我们收获的时候了！

重要变化不错过

蘑菇是怎样一步一步长大的呢？我们能收获到多少蘑菇呢？让我们做好观察记录吧。

蘑菇观察记录表

记一记　长出第一个蘑菇的时间；
数一数　共长出了多少朵蘑菇；
量一量　最大一朵蘑菇的菇面有多大；
称一称　一共收获了多少蘑菇；
写一写　种蘑菇带给我的惊喜。

防病治虫有妙招

蘑菇在培育中一般不容易出现病虫害,如果出现,一般为螨虫、线虫、菌蛆等虫类。

自制绿色防虫剂

利用香烟里的尼古丁、焦油来制作生物杀虫剂,可以有效地预防和治疗蘑菇的病虫害,制作方法如图5-2所示。

制作方法

（a）取一支纸烟,加清水500毫升,浸泡一昼夜,用玻璃棒反复搅拌。

（b）将浸泡烟叶的水煮开约10分钟,冷却。

（c）装入喷壶,喷洒患病处。不但可防治蘑菇的病虫害,还可有效防止其他植物的蚜虫、红蜘蛛、叶蝉、粉虱、蓟马、蜡象、卷叶虫及其他多种害虫。

图5-2

共享收获皆欢喜

　　蘑菇肉质丰厚，口感细腻，自带特别的鲜味，适合各种烹调方式，清炒显滑嫩，酱爆有肉感，久煮还不烂，因此蘑菇可称为世界上食用方式最多的一种食材。无论煎烤炒炖，它的味道永远都不会让人失望。

青椒炒蘑菇

小鸡炖蘑菇

菌皇汤

　　让我们一起来学一道蘑菇佳肴——平菇炒肉吧！

制作步骤

（1）把平菇洗净，撕成小块，晾一段时间。

（2）猪肉切片切丝都行。用生抽、生粉、油腌制肉。葱切小段，姜切末。

（3）等油热后炒肉，捞出肉后，在剩下的油中放入葱段、姜末炒香，然后放入平菇快速翻炒。

（4）平菇出水后放入之前炒好的肉条一起翻炒。出锅前淋点生抽翻炒提提味。

你来提问？我来答

1.人们餐桌上常见的蘑菇有哪些？有药效的蘑菇又有哪些？

蘑菇种类很多，其中不乏有毒的蘑菇。要避免蘑菇中毒，唯一的方法就是不吃野生蘑菇，人工培育的各种蘑菇已经很好吃了！

餐桌上的蘑菇

香菇

金针菇

平菇

可以做药材的蘑菇

猴头菇

灵芝

2.蘑菇有哪些丰富的营养成分?

餐桌上的蘑菇之所以味道鲜美,是因为蘑菇富含"氨基酸",除此之外,蘑菇也含有很丰富的脂肪、糖类、蛋白质等!其常见的营养成分见表5-2。

表5-2　蘑菇常见的几种营养成分

种　类	蛋白质／%	脂肪／%	糖类／%	膳食纤维／%
草　菇	35.1	2.6	35.1	2.8
香　菇	26.5	3.6	22.9	39.8
银　耳	13.6	1.73	39.7	37.0
羊肚菌	31.4	8.3	35.9	15.1
双孢菇	55.3	1.3	15.8	19.7
猴头菇	26.0	2.59	9.1	54.5
金针菇	24.5	4.1	33.2	27.6
黑木耳	14.3	1.8	42.2	35.4

3.平菇的"小·宝宝——菌种"从哪儿来?

菌种的采集和保存

大家都知道,大多数植物都是从一颗种子开始它的新生命的,那么蘑菇的种子是什么呢?

种了一季蘑菇后,我们就可以自己培育蘑菇的孢子,为下一次种蘑菇做准备!

> 白白的孢子就是蘑菇的种子哦!它叫做孢子。

培育 "蘑菇的孢子"

培育方法如图5-3所示。

(a) 准备好图片中所示的材料和工具

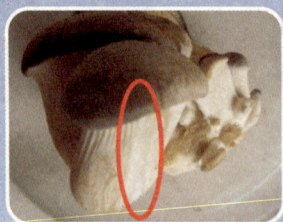

(b) 割出菇柄(圈中所示)的一小块

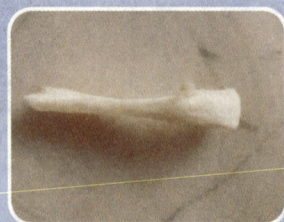

(c) 割出的小块备用

(d) 试管中放入事先准备好的土豆泥

(e) 在土豆泥上放入小块蘑菇块

(f) 置于温暖环境中一周后就变成这样

图5-3

> 特别提示:培育蘑菇孢子的过程中,一定要采集优质蘑菇,经过消毒处理,在适宜的温度培养,整个过程要严格做到无菌操作哦!

第 **6** 课 五星秋葵

你知道这种长长的蔬菜叫什么吗？

是辣椒吧！有红的、绿的！可是哪有辣椒烫火锅的啊？

它的名字叫秋葵，横切面呈五角星，也可叫"五星秋葵"！这么好听的名字，一下子就记住了吧！

秋葵是近年来出现在我们餐桌上的新宠。它的外形和辣椒相似，但味道、口感却完全不同！

大家一起来栽种

生长习性早知道

表6-1　秋葵的生长习性

名称	秋葵（别名：羊角豆）
科名	锦葵科
土壤	喜深厚、肥沃土壤
温度	喜温暖气候，不耐寒 最适宜温度：25~30℃；10℃以下，生长停止
光照	喜欢阳光充足
播种时期	秋葵一般在4月播种，经过3~5天便可发芽，苗期大概会持续40多天
收获时期	5月便开始结果。生长周期一般为7个多月，果实长度7~8厘米的时候便可以采摘

准备工作做充分

材料和工具

秋葵的根系发达、成熟植株比较大，适合地里栽种。最好选择肥沃的营养土种植。如果盆栽，花盆尽可能大一些，土壤深度在20厘米以上。

选种或选苗

选择饱满、完整无病虫害的秋葵种子，如图6-1（a）所示。也可以选择从幼苗开始栽培。

认清楚，别买错了！农村集市可以买到。

（a）　　　　　　　　　　（b）

图6-1

如图6-1（b）所示的幼苗，已经长出两对真叶了。从这样的幼苗开始栽种，可以提前20天左右看到开花。

管理过程知要领

▶ **播种**

先将种子浸泡12小时后播种，种子不宜埋得太深，2~3厘米即可。播种后1周左右发芽，从发芽到第一对真叶长出，一般需要15天左右。

▶ **间苗**

除去残弱小苗。可在长出三四片真叶时选择留下最强壮的一株，其余全部除去，如图6-2所示。

间苗

图6-2

▶ **中耕培土**

在第一朵花开放前应进行培土，如图6-3所示。

中耕：是指对土壤进行浅层翻倒、疏松表层土壤。

培土：在植株基部覆盖厚厚的土壤，预防植株倒伏同时保证根系更好生长。

图6-3

▶ **植株调整**

如果秋葵的叶片长得太肥大，会导致开花结果延迟。用扭枝的方法，将叶柄扭成弯曲状并下垂，就可以控制植株叶子生长，更好地保证开花结果。

重要变化不错过

发芽，长出第一片叶子、开花、结果是秋葵一生中最重要的变化，别忘了记下来！

期待种子长出幼苗，天天观察，不要错过哦！

记录下第一片叶子长出来的时间：＿＿＿＿＿＿＿＿＿＿＿＿。

长出第一个花蕾，就能大致知道花的颜色了！别忘了给花拍照做记录！

颜色：＿＿＿＿＿；花瓣数量：＿＿＿＿＿；花完全开放时的大小：＿＿＿＿＿。

漂亮的花谢了后，长出了一个可爱的小秋葵！

描述小秋葵的样子：＿＿＿＿＿＿＿＿＿＿＿＿＿＿＿。

估计一下：一株秋葵植株会结出＿＿＿＿＿个果实。

阳台盆栽有窍门

别以为秋葵只能栽种在田地里，其实阳台栽种也不是难事！阳台栽种还能成为美丽的风景哦！

必备材料及工具

秋葵种子

花盆

土壤

肥料

小铲子

播种要领把握好

将种子放在水中浸泡

将营养土放入花盆约2/3高度

手指戳1厘米深小洞，放入种子浇少许水，保持土壤湿润

静待发芽别错过

气温较低时，可在花盆外覆盖上塑料袋保温

发芽后就可以经常晒太阳了

及时间苗，拔去弱病的幼苗

　　秋葵的采收期很长。一般第一果采收后，初期每隔2～4天采收一次。随温度升高，采收间隔缩短。8月盛果期，每天或隔天就可采收一次。9月以后，气温下降，3～4天采收一次。

　　收获的秋葵，可做成各种美食！跟着食谱学两招，好好犒劳犒劳自己吧！

西红柿炒秋葵

秋葵炒鸡蛋

秋葵肉片汤

你来提问？？

我来答

1.秋葵口感黏黏糊糊的，是什么东西？

秋葵与其他蔬菜最大的不同是：黏腻的口感。这种黏腻的感觉实际上是一种叫做"多糖"的成分在起作用。这种多糖可以刺激消化道的蠕动，帮助我们"刷洗"肠道，起到清洁肠道的作用。

2.秋葵的食用价值还有哪些？

秋葵分泌的黏蛋白有保护胃壁，并促进胃液分泌，提高食欲，帮助消化的作用，因此秋葵具有改善胃炎和胃溃疡、消化不良的功效。另外，秋葵含有铁、钙及糖类等多种营养成分，还具有预防贫血的效果。

3.秋葵的果实有绿的，还有红的，它们的营养一样吗？

绿秋葵和红秋葵只是颜色不同的同一种植物，它们在营养价值、味道、口感、吃法等方面都没有什么差别。

草莓好甜

又红又甜,好看又好吃的草莓是怎么种出来的呢?

我们自己也能种草莓,一起来试试吧!

草莓的原产地是南美洲,中国及欧洲都有大量栽培。它不仅外观漂亮,味道甜美,而且营养价值高,含有多种营养物质,被人们誉为"水果皇后"。

大家一起来栽种

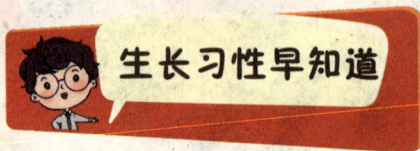

生长习性早知道

表7-1 草莓的生长习性

名称	草莓（别称：洋莓）
科名	蔷薇科
种植时间	10月中下旬适合种子播种，9月中旬适合移栽草莓苗
土壤要求	适合栽种在疏松、肥沃、通气良好的砂壤土
生长合适温度	喜欢温暖气候，15～35℃适合生长
光照	喜光
水分要求	喜欢湿润、有良好透水性的土壤，水不能太多
收获期	草莓在4～6月是丰收季节，大棚草莓在12月到第二年5月都可采摘

准备工作做充分

工具和材料

1

- 🍓 小铲子
- 🍓 花盆（盆底要有漏水孔）
- 🍓 营养土
- 🍓 洒水壶

种子或幼苗

2

- 🍓 草莓种子和草莓苗都可以在网络上购买，购买时请注意看清楚草莓种类

管理过程知要领

▶ 装土

　　将营养土松松地装入带漏水孔的花盆里，土壤占花盆大约4/5的高度就可以了，如图7-1所示。

图7-1

种植

播种

1.首先将种子进行浸泡和水选。用50℃左右温水浸泡种子，浸泡中可以搅拌让种子浸水充分。10小时后，倒掉水和浮在水面的种子，剩下的种子可用于播种了，如图7-2（a）所示。

2.将选好的种子均匀洒在土表面，再盖上薄薄的一层土（约0.5厘米即可）。保持20～25℃温度和土壤湿润，15～20天就会发芽了，如图7-2（b）所示。

3.在幼苗长出二三片真叶时，进行分盆移栽，如图7-2（c）所示。

（a）　　　　　　　（b）　　　　　　　（c）

图7-2

移栽

根据花盆大小确定草莓苗的棵数，保证两棵间5厘米左右间距即可。

草莓苗移栽六字诀：展开根，不埋心。意思是：保证草莓根能舒展地摆放在土壤里，草莓苗中心的新芽不能被土壤覆盖，如图7-3所示。

提示：购买的草莓苗，应先把根用水浸泡30分钟后再种，以保证根的舒展。

（a）　　　　　　　（b）

图7-3

▶ 护理

草莓喜光，草莓苗要放在向阳的地方。

阳光下水分蒸发快，草莓易缺水，要勤浇水并浇透，保持土壤一定的湿度。

浇水应注意

草莓的叶子淋水容易得病，果实沾水容易腐烂。为了避免果实和叶片不被打湿，可采用"浸盆法"，将花盆大部分放入水盆中，等表面土壤湿润后取出即可，如图7-4所示。

图7-4

草莓植株生长中可能会出现黄叶子，不要担心，只要摘除就可以了。

▶ 授粉

草莓开花后，如果没有昆虫授粉，可能会出现草莓畸形。进行人工辅助授粉，用棉签或毛笔轻轻地刷外围的雄蕊，获取花粉，然后刷到雌蕊上，就可以大大减少畸形率。

结果

草莓从开花到结果大概30天，草莓果实就成熟了。在此过程中，草莓开始着色，软化，释放出特有的香味。这时候，草莓就可以采摘了，如图7-5所示。

（a） （b） （c）

图7-5

注意：草莓变红过程中会有鸟儿来啄食。可以在草莓植株上结个网，或用木筐罩来保护。当然把盆栽草莓移到家里，也是可以的！

采摘

成熟的草莓果柔软多汁，很容易碰伤。采摘草莓时，手捏草莓梗，用指甲掐断就行了，一定要轻捏。也可以准备一只小剪刀，剪断梗即可，如图7-6所示。

图7-6

繁殖一盆新的草莓植株

当草莓采摘完后，草莓苗并不会死去，到秋天它会生出藤蔓，在藤蔓的端头又会生出新的小植株。当小植株长到三四片叶子时，可以把它剪下，种在另外的花盆中，就可以繁殖出一盆新的草莓苗了！

重要变化不错过

草莓的一生要经历发芽、成长、开花、结果等阶段，这些重要的变化可别错过了！让我们做好草莓生长的观察记录吧！

播种时间：＿＿＿＿＿＿＿＿＿＿＿＿。

期待种子长出幼苗，天天观察，不要错过哦!

记录下第一片叶子长出来的时间：＿＿＿＿＿＿＿＿＿＿＿＿。

长出第一朵花蕾，别忘了给花拍照做记录！

颜色：_____；花瓣数量：_____；花开放时的大小：_____。

漂亮的花谢了后，长出了一个可爱的小草莓！

描述小草莓的样子：_____。

估计一下：一株草莓植株会结出_____个果实。

共享收获皆欢喜

美味的草莓采摘后洗净就可以直接食用，也可以做成草莓蛋糕、草莓酱等食品。

你来**提问**？？
我来答

1.怎样辨认激素草莓？

普通的草莓仅仅通过看颜色、果子形状、体积大小并不能判断出是否使用了激素，一般都是需要经过专业的仪器来进行检测的。但是我们还是有一些小方法可以来辨别：例如买草莓时闻闻味道，激素过量的草莓带有略微刺鼻的气味，草莓香味不浓；激素草莓吃起来味道比较差、清淡无味，而正常草莓则酸中带甜。

2.清洗草莓有哪些要领？

要把草莓洗干净，最好用自来水不断冲洗，流动的水可避免农药渗入果实中。洗干净的草莓也不要马上吃，最好再用淡盐水或淘米水浸泡5分钟。淡盐水可以杀灭草莓表面残留的有害微生物；淘米水呈碱性，可促进呈酸性的农药降解。洗草莓时，千万注意不要把草莓蒂摘掉，去蒂的草莓若放在水中浸泡，残留的农药会随水进入果实内部，造成更严重的污染。另外，也不要用洗涤灵等清洁剂浸泡草莓，这些物质很难清洗干净，容易残留在果实中，造成二次污染。

3.草莓的种子在哪里？

草莓红色的表皮凹凸不平，上面布满了芝麻粒般大小的深绿色的籽，它就是草莓的种子。但是草莓的种子非常小，不容易收集。可以选择成熟的草莓，用水果刀把草莓外皮连种子削开，注意不要伤到种子。准备一只完好的丝袜，把削开的草莓皮倒进去，放到盆里，加水，揉搓直到没有红色汁液为止。连同丝袜一起晾干后，即可把种子取出。

小蝌蚪变变变

快看，小溪边，稻田里有好多小蝌蚪呢！

真想看看它们是怎么长大的，要不我们带些回去喂养吧！

大家一起来 养 蝌蚪

身体结构先了解

蝌蚪，是蛙、蟾蜍的水生幼体，属于两栖类动物。身体呈纺锤形，用鳃呼吸，生有侧扁的长尾。当蝌蚪成熟时，它们开始蜕变，渐渐长出四肢，尾巴退化消失，其身体构造如图8-1所示。

眼睛　身体　尾

口

图8-1

生长习性早知道

表8-1　蝌蚪的生长习性

名称	蝌蚪
生命周期	蝌蚪阶段为60天左右
生长阶段	生长初期1~10天；生长前期10~20天；生长中期20~50天；生长后期50~78天（此阶段长出四肢，由水生变为水陆两栖）
适宜环境	水质清澈，室温为宜，避免阳光直接照射
食物	鱼饲料、熟蛋黄、馒头渣、面包屑、挂面、菜叶、浮游生物等
最值得期待的变化	长出四肢，尾部退化，变成青蛙或者蟾蜍

准备工作做充分

工具和材料　敞口鱼缸、换水用的小桶或小盆、舀蝌蚪的长勺子、清洗刷子或抹布等。

准备蝌蚪　捕捞卵或小蝌蚪。

养殖时机　春季。

注意：
　　一定要在大人的监护下捕捞。为保证蝌蚪足够的生活空间，蝌蚪数量3~5只为宜。

管理过程知要领

▶ 环境布置要细心

选用敞口容器可以增加水中氧气含量，在水里可适当放少量小石子、水草等做装饰。

▶ 换水工作做到位

将自来水放置24小时后，才能用于换水。换水时先将小蝌蚪舀到另外一个容器中，换完后再把小蝌蚪舀回，每次替换一半的水，让蝌蚪能更好地适应新环境。当水变浑浊时就要及时换水，一般情况下两三天换一次。

▶ 食物投喂分小块

挑选干净清洁的食物，分成小块喂食，以蝌蚪们一天能把食物吃完为最佳，如果太少影响蝌蚪生长，太多食物残渣沉在水底容易造成污染。

蝌蚪可以食用的东西很多，米饭、馒头、白菜、苹果甚至鱼食都可以，尝试不同的食物来给蝌蚪提供更多营养。

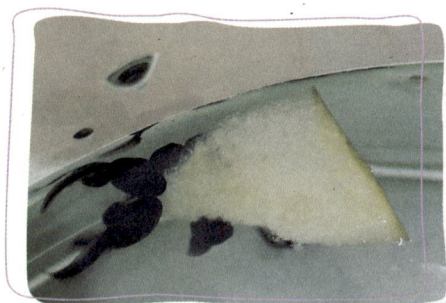
吃苹果

吃米饭

吃白菜

● 两栖环境建设好

当观察到蝌蚪长出后肢时，前肢很快也就会长出来了，同时尾部变短，此时需要降低水位，同时在鱼缸里放一些能露出水面的石头，创造两栖环境，让幼蛙既能在石头上趴着呼吸空气，也能在水里游泳。因为这时它们开始用肺兼皮肤呼吸了。

注意：

为防止它们跳出鱼缸，可以用网子盖住容器口。

▶ 及时放归大自然

　　小蝌蚪们在你的精心养护下已经变成小青蛙或者小蟾蜍了，它们已经不再适合在小小的鱼缸继续生活，是时候将它们放回到大自然了。

　　它们会靠自己的能力在大自然中自由自在的生活，你会祝福它们的，对吧？

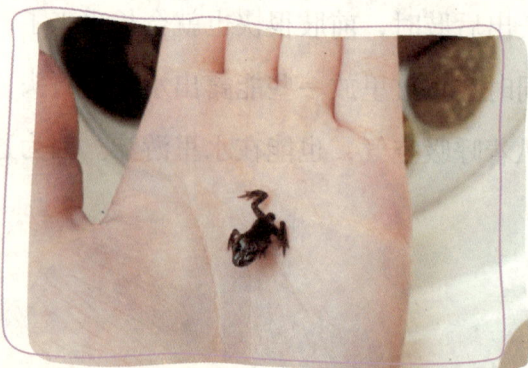

防治生病要警惕

▷ 蝌蚪一般适应能力比较强，不易患病。

▷ 生病蝌蚪活力明显下降，甚至翻肚皮，颜色发白发灰，要及时隔离，观察处理。

▷ 如果你的蝌蚪中有一两条已经死亡，甚至发臭，要及时将它们捞出，妥善处理，并换水以保持清洁。

观察研究乐趣多

1.养殖过程中，别忘了把小蝌蚪的变化记录下来哦!

时间	身体变化	画一画，量一量	我还发现了
刚捕捞回来 年　月　日			
	长出后腿 		
	长出前腿 		
	尾完全消失 		

2.你知道吗，在自然条件下，一只雌蛙每年的产卵总量可达5000枚左右，孵化率约为50%，而蝌蚪的存活率仅有20%～30%。你养的蝌蚪存活了多少只?

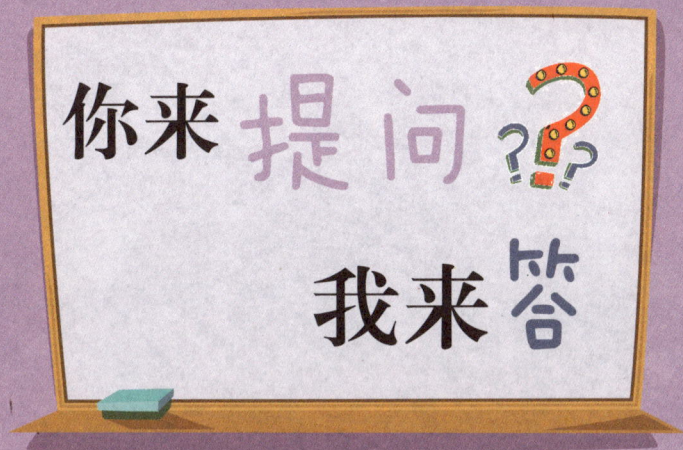

1.两栖动物是什么？

　　两栖动物既能生活在水里，又能生活在陆地上，是不是很神奇啊！你知道吗，它们是距今3亿多年前从水里的鱼类进化而来的。它们的皮肤裸露，表面没有鳞片、毛发等覆盖（一些蚓螈除外），但是可以分泌黏液以保持身体的湿润。两栖动物的幼体在水中生活，用鳃进行呼吸，长大后用肺和皮肤呼吸。它们可以爬上陆地，但是一生不能离水。

2.怎样分辨青蛙和蟾蜍的卵和蝌蚪呢？

　　青蛙：青蛙的卵呈团状，每个独立。青蛙蝌蚪身体呈灰黑色，体色较浅、身体略呈圆形、尾巴长、口长在头部前端。个头稍大，一般分散分布，如图8-2所示。

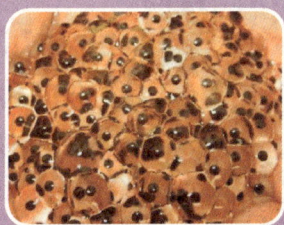
（a）青蛙卵

（b）青蛙蝌蚪

图8-2

蟾蜍：蟾蜍的卵呈带状，像串珠子。蟾蜍蝌蚪整体颜色比青蛙蝌蚪深，身体呈黑色。体形呈椭圆形、尾巴短、口在头部前端腹面，个头比青蛙的蝌蚪个头小，一般密集成群，如图8-3所示。

（a）蟾蜍卵　　　　　　　　　　（b）蟾蜍蝌蚪

图8-3

分清楚了吗？

3.小蝌蚪变成青蛙经历了哪几个过程？

蚕宝宝长大了

蚕宝宝吃桑叶，却能吐出雪白的蚕丝，好神奇！

好想亲眼看看蚕宝宝是怎样吐丝的！

每年春暖花开时，除了播种植物的种子外，我们还可以"养蚕"。

大家一起来养蚕

生长习性早知道

表9-1　蚕的生长习性

名称	蚕
生命周期	60天左右
生长阶段	卵、幼虫、蛹、成虫
蚕卵孵最佳温度	24~25℃
生长适宜环境	适合在22~29℃环境中生长，其最佳生长温度为27℃ 蚕喜欢安静、清洁的环境，光线不宜太强
食物	天然食物——桑叶；人造替代食物——蚕饲料
最值得期待的变化	蜕皮、吐丝、结茧、羽化……

1.材料和工具

蚕盒——大小合适的鞋盒、包装盒等均可。可以在盒盖上开孔，保证小蚕生活环境的空气流通，如图9-1。

开孔，
通风、透气

图9-1

蚕食物——桑叶（最好），蚕饲料（替代品），如图9-2。

学会
辨认桑叶哦！

蚕饲料：
含有一些化学药品
和防腐剂，不是蚕
的最佳食物。

桑叶

蚕饲料

这是桑叶吗？
很相似，但好多叶有
缺口！这是构树叶！
小蚕不会喜欢吃的！

图9-2

小毛刷（或羽毛）——用于把幼小的蚕刷到桑叶上，避免弄伤小蚕。

2.蚕卵

第一年的蚕卵可在当地农科所、蚕业基地或网上购买，当然也可以向科学老师求助。

我们可以将前一年蚕蛾产的卵收集起来，放入冰箱冷藏室保存，到第二年使用。

管理过程知要领

准备工作已做好，可以开始养蚕了！

养蚕过程中，我们该怎样饲养蚕宝宝？怎样观察它们的生长变化？怎样记录？……好多问题！不急，继续学习！

● **蚕卵的孵化**

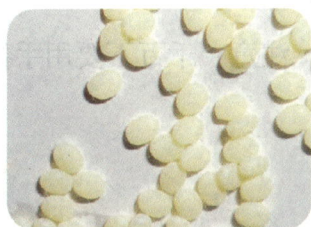

低温中的蚕卵

变成黑褐色 →

25℃左右环境下的蚕卵

孵化

观察要点：

● 蚕卵的形状、颜色的变化

● 孵出小蚕后的卵壳

● 记录下小蚕出壳的时间及当时的气温

● **蚁蚕（一龄蚕）的观察及喂养要领**

　　刚出生的小蚕身体的颜色是褐色或赤褐色的，极细小，且多细毛，样子像蚂蚁，叫蚁蚕，如图9-3。

　　蚁蚕出壳后约40分钟就有食欲，这时就要开始喂养了。

小细毛会脱落吗？记下几天后脱落。

图9-3

喂养要领

▶将干净新鲜的桑叶剪成细丝；

▶用干毛笔（或羽毛）把蚁蚕扫到桑叶上去。注意：千万不要用手捏！

观察记录提示

记录下刚出生蚕宝宝的长度、颜色、身体特征等；

待蚁蚕长到一周后，再对比出生时的样子，观察记录它的变化！

你会发现：蚕宝宝发生了很大的变化！

二龄蚕至五龄蚕的喂养及观察

我在眠!

看到蚕不吃不动时，别着急！别打扰它们睡觉！

蚕的年龄计算：蚕在生长过程中要蜕五次皮，每蜕一次皮就增加一龄。最后一次蜕皮是在蚕蛹里完成的。

蚕眠：蚕每次蜕皮前都有一段时间不动也不进食，如睡眠的状态。

两次蚕眠的间隔时间：正常喂养下，蚕4~6天眠一次，第三眠到第四眠的时间间隔稍长一些。

观察记录提示：

测量体长变化；

记录进食量的变化；

收集蚕宝宝的粪便（蚕沙）；

记录蚕宝宝蜕皮的全过程(可用手机拍摄)。

我要照顾好蚕宝宝！还要记录下它们的变化！

测量体长

收集蚕沙

收集每次蜕下的皮

记录的方式很多，收集蚕宝宝生长过程的一些实物，是很好的办法！

▶ **为蚕吐丝做准备**

蚕到了五龄末期，排出的粪便变软，呈绿色，食量下降，甚至完全停食，腹部变得透明，蚕体头胸部昂起，左右上下摆动。这时，就要为蚕搭建吐丝的小格子。

蚕喜欢在安静的角落里吐丝!

这样可以满足多条蚕吐丝!

重要变化不错过

1.蚕一生中，要经历四个生长阶段，用简单的图示或文字说说各阶段的特征:

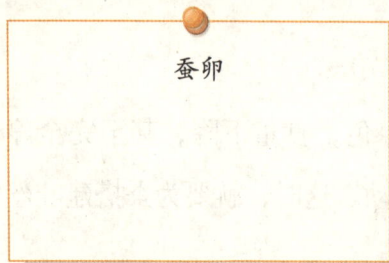

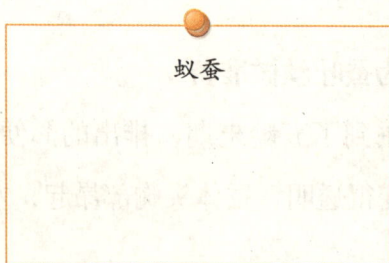

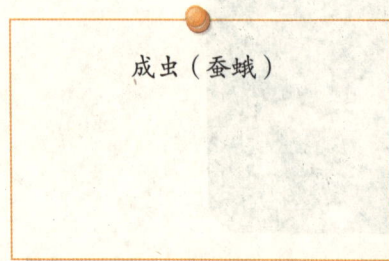

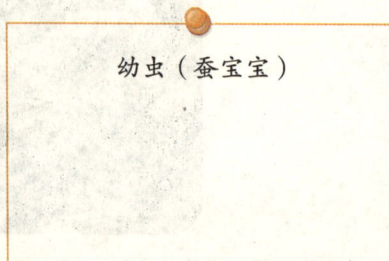

蚕卵

蚁蚕

成虫（蚕蛾）

幼虫（蚕宝宝）

2.对比观察"四龄蚕宝宝"和"成虫蚕蛾"的身体结构，如图9-4。

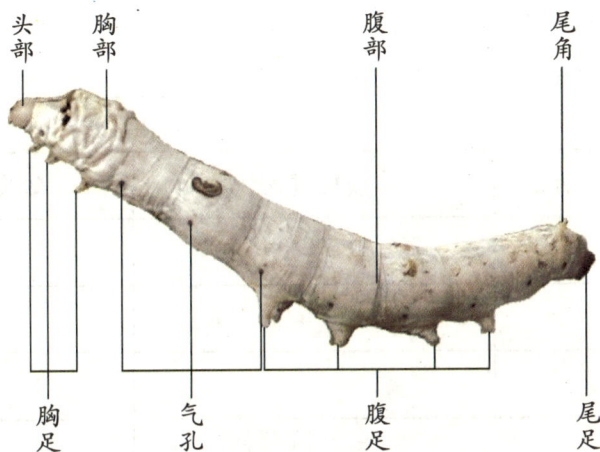

头部　　胸部　　　　　腹部　　　　尾角

胸足　　气孔　　　腹足　　　尾足

图9-4（a）四龄蚕的身体结构

触角
头部
胸部
翅膀
腹部

图9-4（b）蚕蛾的身体结构

蚕宝宝和蚕蛾的样子差别太大了！

变态：像蚕一样，在生长发育过程中的不同阶段，身体的形态发生很大变化。

3.记录下蚕宝宝生长过程中最关键的几个时间吧：

开始养蚕的时间：＿＿＿＿＿＿＿＿＿＿＿＿＿＿＿＿＿＿。

小蚕出壳的时间及当时的气温：＿＿＿＿＿＿＿＿＿＿＿＿＿＿＿。

蚕蜕皮次数	日期	蜕皮过程	蜕皮前后的变化
第一次			
第二次			
第三次			
第四次			

蚕宝宝开始吐丝的时间：＿＿＿＿＿＿＿＿＿＿＿＿＿＿＿＿。

蚕蛾出茧的时间：＿＿＿＿＿＿＿＿＿＿＿＿＿＿＿。

蚕蛾产卵的时间：＿＿＿＿＿＿＿＿＿＿＿＿＿＿＿。

防治病害有妙招

在喂养蚕宝宝的过程中，我们最担心的是蚕宝宝生病！

蚕病一般都会传染，就是其中一条蚕生病，很有可能会传染给其他蚕，导致更多的蚕死亡。为了尽可能地减少蚕宝宝疾病带来的危害，除了我们的精心照料外，还应注意以下几点：

- 养蚕前对蚕盒及周围环境进行清洁；

- 保持桑叶清洁、干净，清洗过的桑叶一定要擦干才能给蚕宝宝吃；

- 随时观察记录蚕宝宝的活动、吃食情况，出现异常，及早处理；

- 发现病蚕，一定要及时选出，以掩埋的方式处理，以防传染；

- 养蚕过程中要勤打扫蚕盒，把蚕沙和残余的桑叶及时清除掉。

共享收获皆欢喜

1.收获的蚕茧，待蚕蛾出茧后，可以做成工艺小饰品哦！

我还可以做……

2.体验抽丝，也是很有趣的经历！

抽丝步骤指导：

（1）把蚕茧放在烫水中浸泡5~10分钟；

（2）用牙刷反复刷浸泡后的蚕茧；

（3）蚕茧表面会出现一些蚕丝的线头；

（4）小心抽出线头，缠绕在架子上。

试一试、比一比，看谁抽出的蚕丝最长！

3.抽出的蚕丝还可以做成许多丝织品，这些丝织品你肯定见过！

感兴趣的话，还可以自己动手绣一幅作品！

染色的丝线
可以绣出很
美的图案！

你来提问？？我来答

1.蚕宝宝身体两侧的小黑点有什么作用？

蚕宝宝身体两侧的小黑点是器官与外界联系的通道，称为"气门"，又叫"气孔"。蚕就是通过这些气孔来呼吸气体的。

2.一只蚕宝宝吐出的丝大约有多长？

一只在野外自然生长的桑蚕可以吐丝100~200米长，而现在经过人工驯养、选择的家蚕，一只就可以吐丝3000米以上。如果把14000只家蚕吐的丝连接起来，就能沿着赤道绕地球一圈！

3.蚕的食物桑叶不好找，怎么办？

确实，现在城市里几乎找不到桑树的踪迹，别着急！向你的科学老师求助，看看能否找到当地农科所、蚕桑基地等单位，这些地方肯定能找到桑叶。

最好的办法是：自己动手栽几株桑树苗，这样一来，不仅让蚕宝宝食物丰足，你还会有意外的收获——吃到美味的桑葚！

4.桑树好栽吗？什么季节栽？树苗哪儿能买到？栽种要注意什么？

（1）桑树苗是最好栽活的树种之一。

（2）说到栽桑树的季节，其实每年的9月至第2年3月都可以栽种！最好是秋季（10～11月）栽种。

（3）树苗的购买——网上购物能帮到你！

选择树苗时注意：主干不能太细，要1.5厘米以上，有一些分枝的最好，另外，要看根是否完整发达。

（4）栽种注意：

栽种的地方要足够大，以保证树苗的根舒展；

土壤层厚，并且疏松肥沃，易于排水；

定时修剪，以保证树苗发出更多侧枝，枝叶茂盛！

第10课 小鸡成长记

你看：毛茸茸的小鸡长大是这个样子的！

好想喂养一群小鸡，看它们长大过程中的变化！

大家一起来饲养

生长习性早知道

表10-1 鸡的生长习性

名称	鸡
生命周期	10年左右
生长阶段	喜欢卫生、干燥、通风的环境
饮水量	每日约100毫升（约等于矿泉水瓶五分之一左右）
食物	粮食、菜叶等，剩饭菜也可以用来喂食
值得期待的变化	母鸡进入到成年期会下蛋，公鸡进入到成年期会打鸣哦

准备工作做充分

1. 购买鸡仔

成都周边可以购买鸡仔的养殖厂：

- ▶ 成都牧星种鸡厂
- ▶ 成都市大永发种鸡养殖公司

- 成都市种畜厂种鸡厂
- 成都市畜牧站种鸡厂
- 新津畜牧局种鸡售后服务部
- 成都三联种鸡厂

2. 为小鸡布置一个家

如果条件允许，最好敞养。敞养要选择通风、温暖、干净的环境喂养，比如竹林里，树林里。

如果不能敞养，建议准备鸡舍。鸡舍应放在通风阴凉的环境里，如图10-1所示。

鸡舍应足够宽敞，图10-1所示的鸡舍养两只鸡足够了。

鸡舍应配有食盒和饮水器。

图10-1

3. 养鸡的工具

装备一：保护我们——手套和口罩

装备二：鸡宝宝的餐具——饮水桶和食槽

小鸡还需要喝水和吃食物，让我们一起来认识一下这些工具吧。

鸡水槽

鸡食槽

当小鸡长到一定大小时，会出现强壮的小鸡攻击弱小同伴的行为，这时下面的装备就用上了！

看看我酷吗？

管理过程知要领

▶ 教小鸡找家

在饲养小鸡的第一周需要每天傍晚把小鸡赶回鸡舍，第二天再放出来，这样持续一周，小鸡就会自己找到自己的家了。

▶ **清理鸡舍**

为了保证卫生，需每天打扫一次鸡舍，至少一周要消一次毒。

▶ **喂食**

每天要喂食小鸡三次。小鸡喜欢吃各种各样的素食，菜叶、青草不可少，小鸡不喜欢吃油腻的东西。注意：当母鸡开始下蛋时，应适当增加一些谷物、玉米等粮食，以保证营养。

▶ **换水**

水是小鸡生长所必需的，每天要给小鸡换上干净的水。

▶ **定时给小鸡做体检**

建议每个月给小鸡测量一次体重，同时观察小鸡的羽毛等各方面的身体变化，了解小鸡的生长情况。

防治病害有妙招

1.小鸡生病的原因

淋雨、受热、喂食不恰当的食物、生活环境不够通风、卫生不够好等因素都会让小鸡生病。通常一只小鸡生病后，会很快传染给其他小鸡，因此喂养过程中要注意观察小鸡的状态，及早发现病情。

2. 小鸡生病的表现及相应的处理办法

首先将生病的小鸡进行隔离，同时给鸡舍进行消毒，预防传染。然后根据病鸡表现出的相关症状，喂食相应的药物，如表10-2。

表10-2 小鸡病症及用药

小鸡病症	用药
粪便发清	蒙脱石散
精神不振	三九感冒灵
鸡冠出现增生物	阿奇霉素
羽毛出现红斑	头孢
食欲不振	健胃消食片

如果鸡病情较轻，可以把药加在食物里，让小鸡吃下去。当鸡病严重时，就需要加重药量，这时，就需要采用人工灌药的方式了。

灌药方法：用手固定住鸡的嘴，按压让鸡的嘴张开，用长柄小勺或纸槽迅速把药放到鸡的舌根部，然后闭合住嘴等一会儿，使小鸡把药吞咽下去，如图10-2所示。

图10-2

观察研究乐趣多

小朋友在喂养、陪伴小鸡成长的过程中，一定有很多有趣的发现和故事，记录下来，和大家分享吧！

开始饲养小鸡的时间：＿＿＿＿＿＿＿＿＿＿＿＿＿＿＿＿＿＿。

选两只小鸡，给它们取名、拍照，做体检	
小鸡（　　）	小鸡（　　）
重量：	重量：
一个月以后，它们的体重和样子	
重量：	重量：
有趣的发现	

你来提问??
我来答

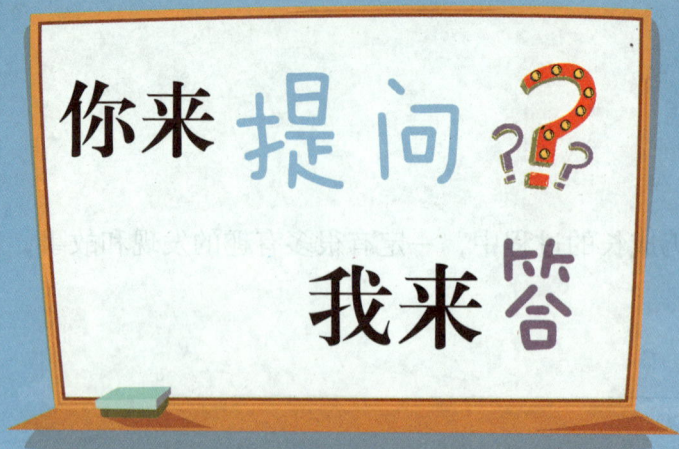

1.小鸡是怎么喝水的？

小鸡喝水也是用自己的嘴啄，只是它的嘴是尖的，每次吸不到多少上来。

2.没有公鸡，母鸡也可以下蛋吗？

不管有没有公鸡。当母鸡生长发育到一定阶段，都会下蛋。只不过这种情况下产的蛋没有受精，孵不出来小鸡。

3.公鸡为什么会打鸣？

关于"公鸡打鸣"的解释很多：①是公鸡对于光刺激的一种本能反应。②是公鸡也是一种很好斗的动物，它通过打鸣来告诫其他的公鸡，不要到它的领地来，否则就不客气了。③是公鸡还通过打鸣来引起母鸡的注意，来提醒母鸡，这有一个"美男子"，可千万不要到别的地方去。总之，公鸡打鸣有很多不同的含意，因此啼叫的方式也有很大区别。如果同学们经常侧耳倾听，就能发现其中的奥妙。

第11课

爽口泡菜

泡菜是四川人餐桌上必不可少的小菜。

泡菜是怎样制作的呢？真想品尝到自己制作的泡菜！

　　风味独特的泡菜深受大家喜爱！我们采收的樱桃萝卜就可以做成清脆可口的泡菜。

　　我国地域辽阔，不同地区泡菜做法各不相同，其中以四川泡菜最为出名。四川泡菜有1500多年的悠久历史，它制作方法简单，吃起来爽口。泡姜、泡辣椒还是一些川菜必不可少的调味佐料呢！

大家一起来制作

材料准备做充分

1. 泡菜坛

土陶泡菜坛

玻璃泡菜坛

玻璃密封罐

泡菜坛的选择有诀窍：

坛子一定要密封，最好选用土烧制的带沿口的那种。坛子的上沿口是装水的，且平常水不能缺，才能起到密封的作用！

2. 配料

常用配料：盐、花椒、八角、冰糖或麦芽糖、少量白酒。

3. 常用作泡菜的食材

豇豆、嫩姜、野山椒、红辣椒、胡萝卜、青菜、萝卜、芹菜等蔬菜均可。

制作工艺知要领

锅置火上加适量冷水，下入花椒20~30粒、八角2粒，煮沸关火冷却待用。

所有需要泡的菜洗净，切成条或者块，放在能沥水的容器上晾干，不能带生水。

泡菜坛子内用开水烫一烫后倒出并晾干；将冷却的花椒水灌入坛子中，并加入白酒少许、冰糖4~5粒、盐比平时做菜时多放一点，保证一定的咸度。

蔬菜放入坛中，必须完全淹没在泡菜水里，密封瓶口，有坛沿的泡菜坛加水密封，置阴凉通风处。

密封后过几天观察,如果蔬菜变色或有气泡形成，就说明发酵正常，捞一小块试尝一下，看是否可以食用，若还有生味，再泡一定时间即可。不同食材、不同的气温，泡菜成熟的时间有所不同。

发酵菌

如果没有时间来培养泡菜发酵菌，也可借助"老泡菜水"来制作。谁家的泡菜味道好，可以请他们给一点泡菜水，自己再加一部分纯净水和作料就可以了。

注意事项别忘记

1. 密封

泡菜里的菌是厌氧菌，坛口的密封十分重要。坛沿不能缺水，才能起到密封的作用。特别是夏天，要注意经常加水。

2. 原汁的维护

每加入一次食材，都要加入适量的盐。如果泡菜太酸，说明盐少了；如果泡菜不脆时，加点白酒会有所改善。

过一段时间后，补充一次白酒、冰糖、花椒等作料，以保证原汁的味道。原汁越老越好，只要保管得当，可长期使用。

3. "生花"

生花：泡菜水出现一些灰皮，甚至泡沫，就叫"生花"。

为何会产生生花：泡菜一定不能沾油和生水，沾了油泡菜水就坏了，而沾了生水就会生白花，虽不能说是坏了，但却让泡菜的质量大打折扣。

4. 如何预防生花？

首先，要泡的蔬菜洗好后，用无油无水的竹菜篮在阴凉处阴干表面水分，再放入坛子里，尽量避免把生水带入坛子里，再根据菜的多少加入盐和白酒，尤其是白酒，能有效地预防和消除白花。

除此之外，选择少量的新鲜竹笋泡在坛子里，也可以预防生花。还有四川人叫做"高笋"的蔬菜也有预防生花的神奇功效。

共享成果皆欢喜

泡菜直接食用已足够美味了！如果加入一点味精、白糖和红油辣椒拌匀，就更加可口！

作为川菜的重要食材，泡菜既可以在酸菜鱼和酸萝卜老鸭汤这些菜里，不顾配角的身份，抢尽主角的风头；又可以在鱼香肉丝中友情客串却不小心成了定味的主角；更何况它还是川菜泡椒菜系的绝对主角。因此，泡菜绝对值得你拥有，实在是下厨做菜的好帮手！

酸菜鱼

泡椒墨鱼仔

你来提问？？
我来答

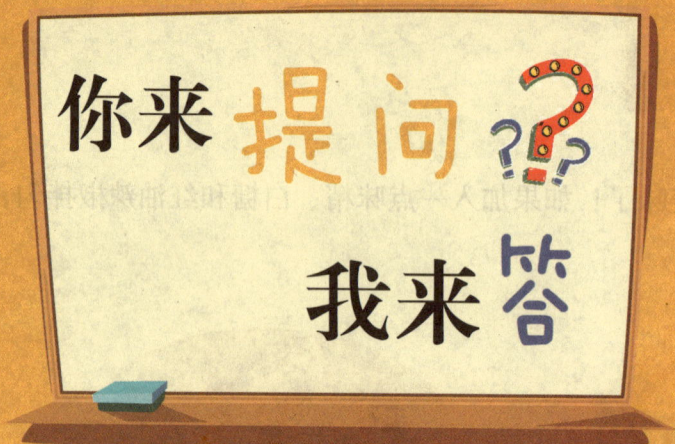

1.吃泡菜的好处有哪些？

无论是四川泡菜还是其他地方的泡菜，其制作过程都是一个发酵的过程。发酵过程会产生很多对人体有益的物质，因此常吃泡菜有很多好处：泡菜酸爽口，能开胃健脾；泡菜中的乳酸可刺激胃液的分泌，帮助消化同时还能促进身体对钙的吸收。

2.四川泡菜和韩国泡菜有哪些不同？

中国泡菜、韩国辣白菜和欧洲酸泡菜是世界三大泡菜。以四川泡菜为代表的中国泡菜和韩国泡菜有哪些不同呢？

首先在原料上区别：韩国泡菜有200多种，各种蔬菜均可腌制泡菜，甚至连水果、鱼、肉等均可腌渍，可谓林林总总，蔚为大观。但韩国泡菜还是主要围绕着大白菜在做文章，其他只是起辅助作用。而四川泡菜没有根本上的主角，只要愿意，什么样质地坚硬的根、茎、叶、果等应季蔬菜都可以泡。

在制作方法上虽然都有发酵这一个过程，但是韩国泡菜讲究腌渍为主，只需要泡菜缸，不必密闭，只是将各种辅料粉碎，揉搓在主料上混合腌渍，发酵是由蔬菜和其他的调料共同作用的，制作是一次性的，所以正确使用名称应是"韩国腌菜"。四川泡菜在制作上讲究浸泡，具有连续性，坛子就放在那里，你可以随时泡菜随时吃，是真正意义上的"泡菜"。制作工序比韩国泡菜简单便捷许多。发酵是因为母水当中本身就已经有了发酵的微生物环境，所放进去的蔬菜只是起到配合作用。由于密封泡制时间更长，厌氧环境更高，因此产生有害亚硝酸盐的概率大大降低。

四川泡菜是泡在花椒盐水里，不掺和过多调味品，是单纯澄明的口味，以酸咸味为主，在口感上比新鲜蔬菜更爽脆，泡菜色泽鲜亮，一般保持新鲜蔬菜原有的色泽。韩国泡菜的精华在于各类腌制调料十分丰富，配比合理，口味是多味复合，以辣跟微甜为主。韩国泡菜辣椒放得多，所以一般都带有红色。

另外两种泡菜在各自生活中所起的作用也不尽相同。韩国泡菜几乎成为韩国人的一道主菜，可佐饭，可佐酒，生活中总是离不开，而四川泡菜更多的是作为一种调料和调剂。一个是生活的必需品，一个是生活中的点缀。

3.怎样迅速捞出自己想吃的泡菜？观察生活，联系这个问题思考，看能不能发明一个创新泡菜坛来帮你。